AF611418

LIBERTÉ

LIBERTÉ

Romain ou Saxon?

PARIS
IMPRIMERIE D'E. DUVERGER
RUE DE VERNEUIL, N° 6

1854

Liberté! Que de systèmes politiques, que de passions diverses ce mot rappelle à l'esprit!

Toujours prononcé avec enthousiasme par le faible contre le fort, par le vaincu contre le vainqueur, il semble être à lui seul la plus chaleureuse, la plus éloquente revendication de droits méconnus : employé par toutes les oppositions, tantôt il fut le symbole d'une idée juste, d'une réforme désirable, tantôt aussi le noble manteau sous lequel s'abritaient cette ardeur sans cause, cette activité sans but, ces intérêts inavoués, enfantés par toute lutte et destinés à lui survivre.

Quand, emporté par un instinct digne des sympathies de toutes les âmes élevées, un peuple se lève, brise tout à coup ses entraves, et se jette intrépidement à travers les hasards des révolutions, il s'écrie, par des millions de bouches, Liberté! liberté! et à ce nom saint tous les cœurs brûlent d'une ardeur généreuse; mais quand la nation a touché le but qu'elle se proposait d'atteindre; quand, après un effort gigantesque, et encore couverte de ruines et de débris, elle veut panser ses plaies, retourner au travail quotidien, jouir des bienfaits qu'elle a conquis, il arrive souvent que ce drapeau, qui vient de quitter le champ de bataille, est repris par des mains ignorantes ou hostiles, qui veulent ou prolonger sans raison un mouvement qui s'arrête, ou exploiter un enthousiasme exagéré par la victoire même.

Il est peu de révolutions qui ne puissent fournir une preuve de cette vérité.

C'était une belle cause que celle de ces obscurs bourgeois qui, au treizième siècle, *juraient leurs communes*, pour mettre un terme à la situation intolérable que leur avait faite le régime féodal; qui combattaient aux états généraux pour ramener l'ordre dans les finances publiques et la dignité dans les conseils du gouvernement. C'était un vœu cher à toutes les âmes élevées que celui d'un impôt également réparti sur toutes les classes de la nation, d'une milice nationale capable de défendre le territoire, et du contrôle des états généraux sur les affaires du pays; mais que surviennent les désastres de Poitiers, et avec eux l'irritation et le deuil publics, et ces vœux si sages, cette liberté réclamée avec vigueur, mais avec calme, va servir de prétexte aux états révolutionnaires de 1356; leur autorité sera déclarée souveraine; seuls ils voteront l'impôt, seuls ils déclareront la guerre, et se réuniront quand bon leur semblera.

Qu'une de ces complications inattendues, dont les révolutions sont si prodigues, surgisse tout à coup, et ce drapeau qui porte toujours le même nom, qui paraît servir la même cause, tombera entre le mains d'Étienne Marcel, pour être traîné bientôt après, par la vile populace, dans la fange des rues de Paris.

La réforme religieuse n'eut-elle pas à traverser les mêmes périls? En sortant des mains de Luther et de Calvin, n'eut-elle pas à souffrir de l'apparition des anabaptistes et de vingt sectes ridicules, qui se défendaient contre le discrédit public en montrant leur commune origine, celle du libre examen et de la liberté de conscience?

En se rapprochant de nous, en parlant de faits qui sont encore dans toutes les mémoires, on verra dans la grande révolution anglaise la cause libérale soumise à de pareilles vicissitudes; commencée par les Presbytériens, que la nation entière avoue; leur cause, un moment oubliée, conduit aux violences des Indépendants et à la dictature de Cromwell : nombre d'esprits, tout chauds de la lutte qu'ils viennent de livrer, encore inquiets de l'ennemi qui a succombé, incapables de discerner le point précis où doivent s'arrêter leurs efforts, suivent le drapeau des premiers révolutionnaires, dans quelques mains qu'il passe, et, croyant avoir limité sagement l'autorité d'un roi qu'ils respectent, livrent sa tête à l'échafaud, et se courbent sous la main d'un maître dont la veille encore ils ignoraient le nom.

Notre France aussi a eu sa révolution; des masses immenses de citoyens se sont armés pour sa cause; volant aux frontières, ils mouraient en héros. Ils voulaient une propriété libre et accessible à tous, un pouvoir contrôlé, mais grand et fort; l'Europe entière se souleva contre des principes qui lui faisaient ombrage, et, pendant cinquante ans, les guerres succédèrent aux guerres, les révolutions aux révolutions.

Au milieu de toutes ces catastrophes, qu'était devenue cette liberté, qu'à la salle du Jeu de Paume on avait juré de défendre jusqu'à la mort? Où la retrouver? Était-ce celle de la Charte de 1814? Celle des barricardes bourgeoises de 1830? Celle des barricades populaires de 1848?

Entre la liberté de 1789 et celle de la restauration, source et cause première de toutes les exagérations du système libéral, n'y a-t-il pas une profonde différence? La première n'est-elle pas celle que nos pères ont voulue, pour laquelle ils ont combattu pendant des siècles? La seconde, au contraire, n'est-ce pas une importation étrangère, récente, dangereuse, antipathique au génie de notre nation et à sa constitution sociale?

Ce point mériterait assurément d'être approfondi; qu'il nous soit permis de l'indiquer en quelques mots à d'autres plus autorisés que nous.

II

Et d'abord, quelle est cette liberté que nos pères ont voulue?

Si, avec une pensée calme et recueillie, éloignant sincèrement tout souvenir des passions politiques de nos jours, on jette un coup d'œil rapide sur l'histoire de notre pays; si on cherche à se rendre compte de la tendance constante de sa civilisation, on verra l'élément romain démocratique et égalitaire prévaloir, malgré l'invasion; puis l'élément germain aristocratique et féodal reprendre l'avantage, pour céder la place à son rival, qui, de proche en proche et peu à peu, envahit et domine la nation tout entière.

Que dans les premiers siècles de notre ère, la Gaule, encore pleine des souvenirs, des lois, des usages de la domination romaine, les ait vus se perpétuer sur ce sol foulé par les barbares, c'est un point dont les historiens modernes ont donné mille preuves diverses; la loi des Bourguignons, la loi des Visigoths est visiblement copiée sur la loi romaine; celle des Francks s'en est le plus souvent inspirée. Les lois salique et ripuaire répètent constamment que les Romains seront jugés par la loi romaine. Les formules de Marculf indiquent comme nécessaires à la validité de tous les actes de la vie civile les formalités romaines, qu'il s'agisse de testament, de legs, de donation ou d'affranchissement; enfin, tous les monuments de l'époque sont pleins des noms donnés par les Romains aux différents chefs de leurs municipalités; on y retrouve encore les défenseurs, les duumvirs, les curies et les curiales.

Comme on l'a dit déjà[1] : « En se fixant, en devenant propriétaires, les barbares contractèrent, soit entre eux, soit avec les Romains, des relations beaucoup plus durables que celles qu'ils avaient connues jusqu'alors; leur existence civile prit plus d'étendue et de permanence; la loi romaine pouvait seule les régler; elle seule était en mesure de suffire à tant de rapports.

« Le spectacle de la civilisation romaine exerçait d'ailleurs sur leur imagination un grand empire; ce qui émeut aujourd'hui notre imagination, ce qu'elle recherche avec avidité dans l'histoire, les poëmes, les voyages, les romans, c'est le spectacle d'une société étrangère à la régularité de la nôtre. Autres étaient les impressions des barbares; c'était la civilisa-

(1) M. Guizot, *Histoire de la civilisation en France.*

tion qui les frappait, qui leur semblait grande et merveilleuse ; les monuments de l'activité romaine, ces cités, ces routes, ces aqueducs, ces arènes, toute cette société si régulière, si prévoyante dans sa finité, c'était là le sujet de leur étonnement et de leur admiration : vainqueurs, ils se sentaient inférieurs aux vaincus; le barbare pouvait mépriser individuellement le Romain, mais le monde romain dans son ensemble lui apparaissait comme quelque chose de supérieur, et tous les grands hommes de l'âge de la conquête, en détruisant, en foulant aux pieds la société romaine, faisaient tous leurs efforts pour l'imiter. »

Les guerriers, d'ailleurs, n'étaient pas seuls à contempler avec regret ou jalousie les restes de cette grande civilisation. Qui croirait, en lisant la préface de l'histoire des Francks, de Grégoire de Tours, qu'il a affaire à un historien du milieu du cinquième siècle ?

« La culture des lettres et des sciences

libérales, s'écriait-il, périssant dans les cités de la Gaule, au milieu des bonnes et des mauvaises actions qui y étaient commises, pendant que les barbares se livraient à leur férocité, et les rois à leurs fureurs; que les églises étaient tour à tour enrichies par des hommes pieux et dépouillées par les infidèles, il ne s'est rencontré aucun grammairien qui ait entrepris de décrire ces choses, soit en prose, soit en vers; aussi beaucoup d'hommes, gémissant, s'écriaient: Malheur à nous! l'étude des lettres dépérit parmi nous, et l'on ne trouve plus personne qui puisse raconter dans ses écrits les faits d'à présent: voyant cela, j'ai jugé à propos de conserver, bien que dans un langage inculte, la mémoire des choses passées, afin qu'elles arrivent à la connaissance des hommes à venir. »

Quand les souvenirs de Rome étaient encore si présents à la mémoire, il n'est pas étonnant que Clovis, malgré les peaux de bêtes dont il était couvert, et les hordes de barbares qu'il traînait à sa suite, ait eu souvent devant les yeux l'éclat de la pourpre impériale, et que Charlemagne se soit résolument proposé de reconstruire l'empire romain. Dioclétien, Constantin, Julien, avaient repoussé les barbares avec des légions romaines; il les repoussa à son tour avec d'autres barbares, et presque sur les mêmes frontières il soutint la même lutte; au-dedans de son royaume, à part une variété nécessaire à cette époque, on peut dire que sa politique est déjà empreinte de grands principes d'unité; la législation canonique est la même pour tous ses peuples : la société religieuse suit partout les mêmes règles; l'empereur rend certaines lois qui sont applicables à tous les habitants de son empire; en lisant ces capitulaires, on y sent un effort constant, infatigable, vers l'ordre et l'unité.

Il semble, après l'apparition de ce grand homme, que l'empire romain va reparaître; lois, mœurs, coutumes, institutions, tout tend de nouveau vers l'égalité et l'unité impériales : mais la Providence en avait décidé autrement ; l'élément germain, l'élément féodal, devait dominer à son tour ; au fond, la société était encore trop peu semblable à elle-même, pour se laisser conduire par des règles uniformes, et tout devint local, parce qu'il n'y avait encore aucune généralité dans les intérêts et dans les esprits ; cette féodalité, qui s'étendit sur tout le sol, qui porta toujours ombrage à la nation, était cependant nécessaire, pour donner un corps, une existence régulière, à ces mille petites sociétés qu'un successeur de César aurait tenté en vain de rassembler sous une même loi, de réunir en une nationalité unique ; avant de faire de l'ordre général, il fallait faire de l'ordre local.

Ce que Charlemagne n'avait pu faire, Louis XI l'essaya et Richelieu le réalisa.

Il est facile, en effet, de voir cette tradition romaine, laborieusement recueillie par les jurisconsultes français, régner d'abord dans les villes, s'asseoir sur le trône, et, maîtresse de la bourgeoisie et de la royauté, s'imposer aux seigneurs dans l'intérieur même de leurs domaines, et livrer un combat mortel à toutes les institutions féodales.

Au contraire de ce qui arriva en Angleterre, où les traditions et les tendances politiques furent, en définitive, saxonnes et féodales, on pourrait dire qu'en France, la civilisation romaine sortait du sol qui en avait été imprégné et tendait à tout former à son image.

Le mouvement commença dans les villes, et pendant plus d'un siècle nos ancêtres les bourgeois se battirent pour ce qu'ils appelaient *leur commune ;* c'étaient des bourgeois qui ne ressemblaient guère à ceux d'aujourd'hui ; leur vie n'était pas molle et douce comme la nôtre; ils étaient souvent à cheval, couverts de cuirasses, armés de bonnes et longues épées, et guerroyaient contre leurs seigneurs ; quelquefois ils pendaient leur évêque, traînaient son cadavre dans la boue, et, pillant la cave de leur ancien maître, célébraient, dans l'ivresse, leur récente victoire ; le plus souvent aussi ils étaient pendus à leur tour, torturés et précipités du haut des forteresses ; mais après la lutte, de grands avantages étaient restés aux libertés bourgeoises. Ces avantages, c'était la consécration d'un droit nouveau, profondément hostile au droit mobiliaire, un droit qui établissait le partage des biens paternels et maternels, meubles ou immeubles, entre tous les enfants ; l'égalité des frères et sœurs, la communauté entre les époux des choses acquises durant le mariage ; — c'était, avec une teinte plus marquée d'inspirations chrétiennes, *ce même esprit de justice et de raison qui avait tracé jadis les grandes lignes du droit romain* [1].

Les villes étant ainsi reconstituées, les rois y trouvèrent bientôt ce que la noblesse ne pouvait pas ou ne voulait pas leur donner, une obéissance effective, des subsides réguliers et des milices capables de discipline ; l'alliance était naturelle entre ces deux pouvoirs, elle devint bientôt étroite ; les bourgeois qui avaient ramené l'ordre

(1) M. Augustin Thierry, *Histoire du tiers état.*

et la régularité dans leurs affaires municipales, tentèrent d'apporter le même esprit dans la conduite des affaires de l'État; appelés auprès du trône pour diriger les grands offices du royaume, ils eurent souvent le sort de ceux qui combattent de puissants adversaires. Enguerrand de Marigny, Pierre de Latilly, Raoul de Presle et tant d'autres périrent victimes de la réaction des intérêts qu'ils avaient combattus; mais leur voix, quelquefois étouffée dans le sang, allait se faire entendre, plus forte, plus éclatante que jamais, aux états généraux. Dans les vœux du *commun* (comme on l'appelait alors), aux états de 1355, ne voit-on pas déjà :

Le partage du pouvoir entre le roi et la nation?

L'assemblée des états convoquée périodiquement?

L'impôt sur toutes les classes de la nation?

L'établissement d'une milice nationale?

Sans doute ce n'étaient là que des vœux, et il a fallu bien des siècles pour qu'ils fussent entièrement réalisés; le tiers, lui-même, laissé à ses propres forces, n'aurait pu organiser le royaume comme il demandait qu'on le fît; mais il guidait les hommes d'action dans la route qu'ils devaient parcourir, les aidait dans leur tâche de chaque jour; il appelait ainsi et faisait naître un Louis XI; un roi qui haïssait l'aristocratie et dont l'existence fut un combat perpétuel pour la cause de l'unité du pouvoir et la cause du progrès social, *combat soutenu à la manière des sauvages, par l'astuce et la cruauté, sans courtoisie ni merci*[1]. Il porta à la noblesse des coups mortels, à l'esprit féodal une première et décisive atteinte, et ses successeurs, pendant des siècles, n'eurent qu'à consolider ce qu'il avait établi, qu'à créer ce qu'il avait projeté d'établir; il avait voulu réunir en un code les lois, coutumes, usages épars dans toutes les portions de son royaume. Charles VIII le voulut et ne sut pas y parvenir; ce fut à Louis XII qu'échut l'hon-

(1) *Histoire du tiers état.*

neur d'avoir commencé l'exécution de cette grande entreprise : sous son règne, vingt coutumes de pays ou de villes importantes furent recueillies, examinées et publiées avec la sanction royale.

C'était un pas de plus dans cette voie d'égalité et d'unité si laborieusement poursuivie par le tiers ; c'était un coup nouveau porté à l'esprit de privilége féodal, auquel les états de 1560 se montrèrent décidément hostiles. Les cahiers de ces états ne sont autre chose qu'un code complet en 354 articles, où l'on distingue notamment :

L'interdiction aux prêtres de recevoir des testaments ;

La réduction des jours fériés aux dimanches et à un petit nombre de fêtes ;

La réunion en un seul corps de lois de toutes les ordonnances ;

La suppression des douanes intérieures ;

L'adoption d'un seul poids et d'une seule mesure ;

La destruction des justices seigneuriales au profit des justices royales ;

La tenue des états généraux au moins une fois tous les cinq ans ;

Le droit de l'État sur les biens du clergé ;

Différents projets pour éteindre la dette publique avec les biens du clergé, auquel on aurait fait des pensions.

Louis XI avait donné satisfaction aux vœux des états du quatorzième siècle ; Lhôpital parut, pour faire exécuter ceux du seizième siècle, et ce n'était assurément pas trop de Richelieu, de Colbert et de Louis XIV, pour obtenir du clergé, de la noblesse, du tiers lui-même, des réformes de la nature de celles-ci :

CLERGÉ

Les crimes des ecclésiastiques seront jugés par les tribunaux ordinaires.

Les communautés religieuses ne pourront acquérir d'immeubles.

Les jésuites seront soumis aux mêmes lois civiles et politiques que les autres ordres religieux établis en France.

NOBLESSE

Les gentilshommes établis dans les villes seront obligés de contribuer à toutes les charges communales.

Nul gentilhomme ne pourra exiger aucune corvée des habitants de son domaine sans titre régulier.

Tous les sujets du roi, en quelque lieu qu'ils habitent, sont déclarés de plein droit capables d'acquérir, de posséder et de transmettre librement les biens qu'ils possèdent.

COMMUN

Toutes les professions soumises aux régimes des maîtrises et des jurandes pourront s'exercer librement.

Tous les monopoles commerciaux ou industriels concédés à des particuliers sont révoqués.

Toutes les douanes de province sont supprimées.

Ne croit-on pas se tromper d'époque, et la pensée, franchissant des siècles, ne court-elle pas jusqu'à notre grande révolution, où furent enfin réalisées toutes les réformes qui germaient depuis des centaines d'années dans ce sol, fécondé par la civilisation romaine?

Ce que Richelieu et Louis XIV avaient fait pour les états du dix-septième siècle, Napoléon le fit pour ceux de 1789.

Après avoir jeté les yeux, en courant, sur les points les plus saillants de notre histoire, sur ceux qui permettent de comprendre clairement la pensée, la tendance politique des contemporains; après s'être assuré qu'à travers bien des révolutions, bien des faits qui semblent contrarier le mouvement qui entraîne la nation entière, le principe qui domine tous les autres est celui d'une monarchie, grande, forte, puissante, visiblement inspirée par la tradition romaine et gouvernant un peuple soumis à des règles uniformes, on peut s'assurer que nos pères qui siégeaient aux derniers états généraux n'ont fait que rappeler les vœux des générations qui les avaient précédés.

On peut s'assurer aussi de la ressemblance, on devrait dire de l'identité qui existe entre les cahiers de 1789 et la constitution actuelle qui régit le peuple français.

EXTRAIT D'UN CAHIER DES ÉTATS-GÉNÉRAUX [1] DE 1789.

Il est reconnu que le gouvernement monarchique est le seul admissible en France; la couronne est héréditaire de mâle en mâle, dans la maison régnante et suivant l'ordre de primogéniture, à l'exclusion perpétuelle des femelles et de leurs descendants.

CONSTITUTION DE 1852.

Louis-Napoléon Bonaparte est empereur des Français sous le nom de Napoléon III; la dignité impériale est héréditaire dans la descendance directe et légitime de Louis-Napoléon Bonaparte de mâle en mâle, par ordre de primogéniture, à l'exclusion perpétuelle des femmes et de leurs descendants.

(*Sénatus-consulte* du 7 novembre 1852, art. 2.)

(1) On a pris pour modèle celui des cahiers dont les tendances ont paru les plus libérales; toutefois, on a substitué à chaque article de ce cahier (modèle) l'article correspondant de tout autre cahier qui aurait été plus libéral : c'est ainsi qu'on a mis, à l'art. 5, cinq ans au lieu de trois ans, qui sont indiqués par la plus grande majorité des cahiers; c'est ainsi qu'on a mentionné l'art. 10, quoiqu'il n'existe que dans un très petit nombre de cahiers.

EXTRAIT D'UN CAHIER DES ÉTATS GÉNÉRAUX DE 1789.

En cas de défaillance de la race royale, la nation rentre dans le droit d'élire son roi.

CONSTITUTION DE 1852.

A défaut d'héritier légitime ou adoptif de Louis-Napoléon Bonaparte et des successeurs en ligne collatérale qui prendront leur droit dans le décret organique susmentionné, un sénatus-consulte proposé par les ministres formés en conseil du gouvernement avec l'adjonction des présidents en exercice, du sénat, du corps législatif et du conseil d'État, et soumis à l'acceptation du peuple, nomme l'empereur et règle dans sa famille l'ordre héréditaire de mâle en mâle, à l'exclusion perpétuelle des femmes et de leurs descendants.

(*Sénatus-consulte* du 7 janvier 1852, art. 5.)

La loi est faite par le roi et la nation représentée par les états généraux.

La puissance législative s'exerce collectivement par l'empereur, le sénat et le corps législatif.

(*Constitution de* 1852, art. 4.)

EXTRAIT D'UN CAHIER DES ÉTATS GÉNÉRAUX DE 1789.

Au roi appartient le pouvoir exécutif.

Les états généraux s'assemblent tous les trois ans; ils votent les lois et les impôts.

CONSTITUTION DE 1852.

L'empereur est le chef de l'État ; il commande les forces de terre et de mer, déclare la guerre, fait les traités de paix, d'alliance et de commerce; nomme à tous les emplois, fait les règlements et décrets nécessaires pour l'exécution des lois.

(*Constitution* de 1852, art. 6.)

Les députés sont élus par le suffrage universel, sans scrutin de liste.

(Art. 36, *Constitution* de 1852.)

Ils sont nommés pour six ans.

(Art. 38, *Constitution* de 1852.)

Le corps législatif discute et vote les projets de lois et l'impôt.

(Art. 39, *Constitution* de 1852.)

EXTRAIT D'UN CAHIER DES ÉTATS GÉNÉRAUX DE 1789.	CONSTITUTION DE 1852.
Tous les Français sont égaux devant la loi.	Les Français sont égaux devant la loi, quels que soient d'ailleurs leurs titres et leur rang. (Art. 1er de la *Charte* de 1630. — Conservé.)
La liberté individuelle est garantie et les lettres de cachet sont abolies.	Leur liberté individuelle est garantie, personne ne pouvant être ni poursuivi ni arrêté que dans les cas prévus par la loi, et dans les formes qu'elle prescrit. (*Charte* de 1830, art. 4. — Conservé.)
Les impôts sont perçus indistinctement sur tous les citoyens.	Ils contribuent indistinctement, dans la proportion de leur fortune, aux charges de l'État. (*Charte* de 1830, art. 2. — Conservé.)
Il est reconnu que le tiers	Ils sont tous admissibles

EXTRAIT D'UN CAHIER DES ÉTATS GÉNÉRAUX DE 1789.	CONSTITUTION DE 1852.
état peut posséder des places et des grades dans la magistrature, dans l'Église et dans l'armée.	aux emplois civils et militaires (*Charte* de 1830, art. 3. — Conservé.)
[1] La liberté de la presse est admise, mais restreinte, ainsi que les états généraux croiront devoir l'ordonner.	Les Français ont le droit de publier et de faire imprimer leurs opinions en se conformant aux lois ; la censure ne pourra jamais être rétablie. (*Charte* de 1830, art. 7. — Conservé.)
Un code unique de lois sera promulgué.	Code Napoléon.
Il y a un système unique de poids et mesures.	Système métrique.

Notre système politique est donc véritablement conforme à celui qu'avaient rêvé nos pères pour leurs descendants.

(1) Il est bien entendu que les cahiers de 1789 ne parlaient pas de la liberté de la presse périodique de nos jours, qu'ils ne connaissaient pas

III

Mais n'avons-nous pas marché depuis 1789? Le régime parlementaire de 1814 n'est-il pas un progrès ?

Quoiqu'il puisse paraître surprenant qu'une nation qui a combattu pendant des siècles pour une certaine forme de gouvernement, veuille en changer le lendemain même du jour où ses vœux séculaires ont été réalisés ; quoiqu'il soit assurément peu probable qu'un peuple abandonne ainsi tout à coup ses traditions pour emprunter à un pays voisin un gouvernement qu'il n'a jamais vu fonctionner chez lui.

Sortant du cercle des probabilités, on peut dire, d'une manière générale, que le régime parlementaire convient aux gouvernements aristocratiques et féodaux plutôt qu'aux gouvernements monarchiques et unitaires.

On se fortifiera dans cette opinion, en comparant la France et l'Angleterre, et en se rappelant le sort si différent que la Providence réservait à l'aristocratie de l'un et de l'autre pays.

Pour prouver que le régime parlementaire est le gouvernement des pays aristocratiques, c'est peu de dire que le parlement a pris naissance après la conquête, que dès l'année 1086 on en a un premier exemple; c'est peu de voir, sous le conquérant lui-même, le parlement se séparer en deux portions bien distinctes, selon qu'il s'agit des hauts barons, ou de *la communauté de baronnage*, à laquelle vinrent s'associer, quelques années plus tard, les représentants des bourgeois et des villes; c'est peu de se rappeler que les rois, voulant se défendre contre les empiétements de leurs anciens compagnons d'armes, augmentèrent successivement le nombre et l'importance de ces députés des villes ; qu'ils créèrent, à cet effet, quantité de bourgs parlementaires ; que Henri VIII en créa trente-deux, Édouard VI et Marie vingt-cinq, Élisabeth trente-un, Jacques Ier et Charles Ier vingt-trois ; c'est peu enfin d'avoir suivi jusqu'à la grande révolution de 1640 l'existence de ce parlement, qui prend, à partir de cette époque, une place décisive et prépondérante dans le gouvernement, et qui n'a fait que grandir jusqu'à nos jours dans les destinées et dans les affections du peuple anglais; c'est peu, si en dehors du fait matériel, éclatant pour tous les yeux, on ne cherche pas à se rendre compte de la raison secrète qui, au delà du détroit, a fait constamment prospérer une institution qu'on ne fut jamais tenté d'imiter dans notre pays, quoiqu'elle assurât à nos voisins et la prospérité et la grandeur.

Si, en France, la civilisation romaine a jeté de profondes racines; si les habitants du sol français ont toujours regardé cette constitution comme la meilleure gardienne, la plus vigilante protectrice de leurs intérêts; s'ils ont employé toute leur activité à détruire, peu à peu, morceau par morceau, tout l'édifice féodal; il en fut tout autrement en Angleterre; dans ce pays, la domination des Romains avait laissé comparativement bien peu de traces, et quand Guillaume aborda sur le sol britannique, c'est la civilisation saxonne qui dominait dans les institutions, dans les souvenirs, dans les affections du peuple conquis : c'était une aristocratie qui venait conquérir une autre aristocratie, c'était un gouvernement féodal qui allait s'implanter sur un sol féodal lui-même; de là une profonde différence entre les deux pays : ici, tout tendait à devenir Romain; là, tout voulait redevenir Saxon.

Que l'on regarde d'un peu près aux révolutions qui ont agité le sol anglais, et l'on verra constamment triompher le principe aristocratique ; que l'on cherche à ressaisir, à travers les siècles écoulés, les vœux, les aspirations du peuple, on l'entendra toujours parler avec passion de ses vieilles libertés saxonnes, libertés tour à tour vantées par les partis qui se disputent le pouvoir, parce que c'était la source nécessaire à laquelle il fallait tremper ses armes, si l'on voulait vaincre ; parce que c'était le drapeau qu'il fallait inévitablement porter si l'on voulait trouver des partisans.

Aussi, quand les descendants des compagnons de Guillaume, inquiets de la puissance que prenait la royauté, supportant impatiemment qu'on voulût les courber sous le même joug que les Saxons, levèrent l'étendard de la révolte, comment firent-ils pour trouver des partisans dans ce pays qui leur était hostile ? Ils exhumèrent des vieilles lois saxonnes toutes celles qui limitaient la puissance royale, et, se formant un drapeau de ce qu'ils appelaient les lois d'Édouard le Confesseur, ils soulevèrent le pays pour leur propre cause; et après bien des combats la *grande charte* fut signée.

Quelques siècles plus tard, survinrent les guerres de religion, et cette aristocratie, qui s'était pour ainsi dire fortifiée dans les priviléges qu'elle avait conquis, sut encore faire tourner à son profit le résultat final de ces luttes sanglantes; plus habile, plus forte, ou, pour parler plus exactement, mieux servie par le génie national, elle fut victorieuse, là où la noblesse française fut vaincue, et tandis que celle-ci perdait l'occasion d'acquérir un nouveau lustre, une nouvelle puissance, celle-là hérita des biens immenses du clergé, héritage qui n'a pas été une des moindres causes de la grandeur de son avenir politique. Il y a en effet un lien mystérieux et une affinité constante entre le catholicisme et les institutions romaines : partout où ces institutions avaien jeté de profondes racines, le catholicisme s'est maintenu malgré la conquête et a prévalu ; partout, au contraire, où la puissance romaine avait conquis les peuples sans les assimiler, le catholicisme a cédé la place à la religion réformée.

L'aristocratie était devenue très forte, la bourgeoisie voulut à son tour réclamer sa place dans le gouvernement ; comme sa devancière, elle se jeta sur la royauté, qui lui faisait ombrage ; et, chose digne de remarque, quoique sa cause fût assurément bien différente, elle s'adressa comme elle aux mêmes souvenirs saxons.

« A mesure que le peuple devenait prospère (a dit un historien moderne[1]), les hommes recommencèrent à s'inquiéter de la tyrannie : au milieu de plus de biens, plus de sécurité devenait un besoin ; des droits exercés par le prince, longtemps sans réclamations, et encore sans obstacles, étaient bien près de ne paraître que des abus, car

(1) M. Guizot, *Histoire de la révolution anglaise*.

bien plus de gens en sentaient le poids; on se demandait s'il les avait jamais possédées, s'il eût jamais dû les posséder... Qui cherche la borne des droits d'un maître recherchera bientôt leur origine : la nature du pouvoir royal, de tous les pouvoirs, leurs anciennes limites, leurs anciennes usurpations, les conditions et les sources de leur légitimité devinrent dans toute l'Angleterre un sujet d'examen et d'entretien; *peu à peu rentrait dans l'esprit des peuples le souvenir des anciennes libertés, des efforts qui avaient conquis la grande charte, des maximes qu'elle consacrait. La cour parlait de ces vieux temps comme grossiers et barbares, le pays les prenait en respect et en affection comme libres et fiers.* »

Nous ne demandons pas au roi (s'écriait un orateur à la chambre des communes), nous ne demandons pas au roi d'éloigner de mauvais conseillers, comme le fit le parlement sous ses prédécesseurs Henri IV et Henri VI; nous ne voulons point intervenir dans ses choix, comme cela s'est vu sous

Richard II, Édouard II et Henri IV, ni que ceux que le roi aura choisis soient tenus de prêter serment devant le parlement, comme il est arrivé sous Édouard Ier, Édouard II et Richard II, ni que le gouvernement leur prescrive d'avance la conduite qu'ils auront à tenir, comme il crut le devoir sous Henri III et Henri IV, ni même que Sa Majesté promette, comme Henri III, qu'elle fera toutes choses avec l'assentiment du grand conseil du pays, et rien sans son aveu ; nous exprimons seulement, et en sujets fidèles, nos modestes désirs.

C'était sincèrement que la bourgeoisie croyait ses désirs modestes ; c'était aussi sincèrement que la royauté les trouvait exorbitants : la lutte était inévitable, on sait quel fut son résultat.

Que la révolution, comme il arrive d'habitude, ait dépassé son but ; que des mains des Presbytériens elle soit tombée aux mains des Indépendants ; que le pouvoir, roulant de chute en chute jusqu'à Cromwell, soit remonté jusqu'à Charles II, cela n'éton nera personne, et ne peut faire naître d'illusions au sujet du résultat final de cette grande catastrophe : on ne s'était pas d'abord proposé d'abolir la royauté, et lorsqu'elle reparut, ce fut à la satisfaction générale; mais ce serait se tromper que de croire qu'elle reparut aussi intacte que l'avait laissée Charles Ier ; la bourgeoisie avait réellement gagné sa cause, comme autrefois la noblesse avait gagné la sienne ; toutefois, au contraire de ce qui arriva en France après 1789, l'aristocratie anglaise était sortie saine et sauve de la lutte, et quarante ans plus tard, inquiétée dans ses priviléges et dans sa foi religieuse par les successeurs de Charles, elle eut encore assez d'ascendant sur le pays pour faire une révolution à son profit exclusif, pour arracher la couronne aux Stuarts et la jeter aux pieds d'un prince d'Orange.

Le régime politique de ce pays fut donc, jusqu'à ce jour, un régime féodal; la noblesse y fut toujours puissante et respectée;

le parlement, qu'elle conduit, gouverne réellement; la royauté, affaiblie, mutilée, règne, mais ne gouverne pas.

Combien fut différent le sort de cette noblesse française s'affaissant sous les coups terribles que lui portèrent successivement, et les bourgeois révoltés, et Louis XI, et Lhôpital, et Richelieu, et Colbert, et Louis XIV!

Quelle différence entre cette aristocratie anglaise, toujours à la tête du mouvement national, et cette noblesse de France, toujours prête lorsqu'il s'agissait de combattre pour la défense ou l'honneur du royaume, mais, hors de là, peu amie du travail et des préoccupations sérieuses! Depuis que, sous l'influence des principes du droit civil, un gouvernement digne de ce nom commença de renaître, il fallut, pour remplir les fonctions judiciaires ou administratives, de longues études, une application de chaque jour et une vie sédentaire; loin d'ambitionner ces positions et le pouvoir qui s'y rattachait, la noblesse ne les vit qu'avec dédain, et, bornant sa poursuite aux offices d'épée et aux charges de cour, elle laissa tomber tout le reste entre les mains du tiers état : ce fut, dans la nation, une classe militaire et non une classe politique.

Les contemporains, d'ailleurs, ne l'ont pas jugée autrement que nos historiens modernes; au moment où la noblesse anglaise venait de prendre, à la suite des guerres religieuses, une si forte assiette, il est curieux d'écouter Sully racontant à Henri IV tous les efforts qu'il a tentés, mais sans succès, pour faire entrer cette aristocratie rebelle dans les fonctions politiques : « Sire, disait-il, je ne nierai point que je « n'aie souvent exhorté les princes, ducs, « pairs et officiers de la couronne et autres « seigneurs d'illustre extraction, et que « j'ai reconnu avoir bon esprit, de quitter les « cajoleries, fainéantises et baguenauderies « de cour, de s'appliquer aux choses ver« tueuses, et, par des occupations sérieuses « et intelligences des affaires, de se rendre

« dignes de leur naissance, et d'être par « vous honorablement employés. »

Mais les exhortations ne suffisaient pas, et plus tard, réunis aux gens du commun, tous ces seigneurs et ducs réclamaient en vain pour la grandeur de leur position, méconnue, à ce qu'ils disaient.

Il est visible, dans l'attitude que prirent ces deux corps aux états de 1614, que l'avantage ne resta pas au dernier : « Elle re« prendra (s'écriait l'orateur de la no« blesse), elle reprendra sa première splen« deur, cette noblesse tant abaissée main« tenant par quelques-uns de l'ordre infé« rieur, sous prétexte de quelque charge, « et ils verront tantôt la différence qu'il y « a d'eux à nous. »

« Rentrez, messieurs, dans le mérite de « vos prédécesseurs (répondait l'orateur du « commun), et les portes vous seront ou« vertes aux honneurs et aux charges ; l'his« toire nous apprend que les Romains mi« rent tant d'impositions sur les Français, « que ces derniers secouèrent enfin le joug

« de leur obéissance, et, par là, jetèrent les « premiers fondements de la monarchie. Le « peuple est si chargé de tailles, qu'il est à « craindre qu'il n'arrive pareille chose : « Dieu veuille que je sois mauvais pro« phète ! »

La querelle s'envenima, et l'on décida de se rendre auprès du roi, pour qu'il eût à juger le différend. Devant le trône, les passions se rallumèrent. « J'ai honte de vous « apprendre, Sire, disait la noblesse, les « termes qui, de nouveau, nous ont offen« sés ; ils comparent votre État à une fa« mille composée de trois frères ; ils disent « l'ordre ecclésiastique être l'aîné, le nôtre « le puîné, et eux les cadets, et qu'il advient « souvent que les maisons, ruinées par les « aînés, sont relevées par les cadets. En « quelle misérable condition sommes-nous « tombés si cette parole est véritable !... » Et, en s'en allant, ils murmuraient entre eux : « Nous ne voulons pas que des fils de « cordonniers, de savetiers, nous appellent « frères ; il y a de nous à eux autant de

« différence qu'entre le maître et le va-« let. »

L'affaire était difficile à juger; aussi ne le fut-elle pas. Le public seul donna ses conclusions et chanta pendant quelques années, dans les rues de Paris, le quatrain suivant :

O noblesse, ô clergé, les aînés de la France,
Puisque l'honneur du roi si mal vous maintenez,
Puis que le tiers état en ce point vous devance,
Il faut que vos cadets deviennent vos aînés.

La situation devenait chaque jour plus difficile pour ces aînés de la France; et, tandis que leurs frères d'Angleterre faisaient leur révolution de 1688, il faut entendre Saint-Simon, ce noble par excellence, parler avec amertume de l'état d'abaissement où ils étaient tombés : « Peu à « peu (dit-il en parlant de Louis XIV) il « réduisit tout le monde à servir et à gros-« sir la cour, ceux-là même dont il faisait le « moins de cas ; qui était d'âge n'osait dif-« férer d'entrer au service; ce fut encore « une adresse pour ruiner les seigneurs, les

« accoutumer à l'égalité et à rouler pêle-« mêle avec tout le monde... Grands et « petits, connus et obscurs furent donc for-« cés d'entrer au service, d'y être un vil « peuple, en toute égalité et dans la plus « soumise dépendance du ministre de la « guerre et de ses commis. De là (dit-il « plus loin) l'élévation de la plume et de la « robe et l'anéantissement de la noblesse « par les degrés qu'on pourra voir ailleurs, « en sorte que les choses sont arrivées à ce « point que le plus grand seigneur ne peut « être bon à personne, et qu'en mille fa-« çons différentes il dépend du plus vil ro-« turier. »

C'était, avec plus de mordant dans la phrase et plus d'aigreur dans la pensée, ce que La Bruyère avait dit :

« Pendant que les grands négligent de « rien connaître, je ne dis pas seulement « aux intérêts des princes et aux affaires « publiques, mais à leurs propres affaires ; « qu'ils ignorent l'économie et la science « d'un père de famille, qu'ils se louent

« eux-mêmes de cette ignorance, qu'ils se « laissent appauvrir et maîtriser par des « intendants, qu'ils se contentent d'être « gourmets ou côteaux, d'aller chez Thaïs « ou chez Phryné, de parler de la meute « ou de la vieille meute, de dire combien « il y a de postes de Paris à Besançon ou « à Philippbourg, des citoyens s'instruisent « du dedans et du dehors du royaume, étu-« dient le gouvernement, deviennent fins « et politiques, savent le fort et le faible « de tout un état, songent à se placer et « se placent, s'élèvent, deviennent puis-« sants, soulagent le prince d'une partie « des soins publics; les grands qui les dé-« daignaient les révèrent, heureux s'ils de-« viennent leurs gendres. »

Le sort de l'aristocratie française fut donc bien différent de celui qui était réservé à l'aristocratie anglaise; la première succomba lentement sous les coups qui lui furent portés, la seconde s'établit victorieusement au-dessus de tous les partis qui l'avaient combattue; quoi de plus naturel d'ailleurs que ces destinées si opposées, quand on songe à leurs origines si peu semblables? Comment comparer ce peuple, établi sur le sol saxon, s'inspirant des souvenirs de la tribu, ne voyant dans la commune que la réunion des membres d'une même famille, gouvernée patriarcalement par un chef aimé et facilement obéi; comment le comparer à ce peuple assis sur une terre romaine, s'efforçant de ramener son organisation politique à celle de la commune latine, composée d'éléments turbulents et divers, d'individualités nombreuses, contenues et dirigées par la main d'un chef unique et puissant? L'Anglais avait trouvé dans un cercle restreint la satisfaction de tous ses besoins matériels et moraux, des traditions, des souvenirs, et une protection suffisante; le Français, pour obtenir une pareille satisfaction, avait dû recourir à un pouvoir éloigné, seul représentant, dans ce pays, des idées de grandeur et de puissance qu'il chérissait. Le premier put toujours vivre sous un pouvoir désarmé, car il est naturellement porté à respecter la loi, il l'aime comme la règle admise, et pour lui avoir obéi une fois, il veut lui obéir toujours; il vénère les vieillards comme les vrais représentants de la sagesse humaine sur la terre, et préfère l'usage traditionnel à la loi écrite. Le second, expansif et léger, amoureux de la gloire et des entreprises nouvelles, se précipitant facilement à travers tous les hasards des révolutions, demande une main ferme, capable de le contenir et de le modérer. Suivant enfin la route mystérieuse que la Providence a assignée sur cette terre à chacun d'eux, ils semblent devoir inspirer aux hommes des sentiments bien différents : le descendant et le successeur des Romains peut, par la grandeur de ses revers et de ses succès, exciter la sympathie ou provoquer l'enthousiasme; le petit-fils du Saxon, par sa dignité, par sa fidélité envers lui-même, inspirera toujours le respect.

Cessons donc de méconnaître les plus grands enseignements de l'histoire, ne confondons plus deux civilisations également fortes, également brillantes, mais ayant chacune leur voie distincte; et, s'il est vrai que les institutions d'un peuple portent l'empreinte ineffaçable de son génie, s'il est vrai que le génie saxon est différent du génie romain, qu'il soit permis d'affirmer que, transporter sur le sol français, sur le sol des Césars, le gouvernement de l'aristocratique Angleterre, ce n'est pas progresser, mais tout confondre et courir à des révolutions inévitables.

IV

En résumé :

Il est vrai de dire que le sol gaulois conquis par César est resté frappé à l'effigie romaine ; il est vrai de dire que le mouvement politique qui a entraîné la nation tout entière, pendant des siècles, a été un mouvement vers l'unité et l'égalité ; il est vrai de dire que les vœux de nos ancêtres, écrits en caractères ineffaçables dans les cahiers des états généraux, sont littéralement réalisés par la constitution qui régit actuellement le peuple français ; il est vrai enfin d'affirmer que ce serait tout confondre, mais non progresser, que de nous imposer la constitution aristocratique des Anglais.

Que signifierait donc, aujourd'hui, ce mot *liberté* appliqué à la constitution politique de notre pays ?

Veut-on, malgré tout, parler du régime parlementaire? alors il serait utile de se rappeler qu'on ne touche pas sans danger à la constitution politique d'un peuple, alors il serait bon de se souvenir que la génération actuelle a la mémoire encore pleine des difficultés et des périls que rencontra, dans notre pays, l'essai de ce régime nouveau, et que lorsqu'il fit sa première apparition parmi nous en 1814, il ne manqua pas de voix éloquentes pour rappeler au sentiment de la vérité, un enthousiasme officiel, plus ardent que bien fondé.

« Nous nous sommes enthousiasmés, « disait M. A. Thierry, de l'instinct admi-

« rable avec lequel le peuple anglais a
« bâti sa constitution pièce à pièce, ajou-
« tant, retranchant, remplissant les vi-
« des, accordant les parties, jusqu'à la
« perfection systématique de l'ensemble;
« nous nous sommes félicités de vivre dans
« un temps où ce chef-d'œuvre de la sa-
« gesse moderne était achevé et s'offrait à
« l'imitation; nous n'avons plus aspiré qu'à
« le connaître, à le transporter parmi nous.
« Mais les Anglais n'ont point fait leur
« constitution..... Ils ne se sont point avi-
« sés qu'il y avait trois éléments essentiels
« qu'il s'agissait de concilier sans les con-
« fondre : la monarchie, l'aristocratie et
« la démocratie. Il n'est pas vrai que de
« dessein prémidité ils aient élevé sur eux
« une monarchie et en même temps une
« aristocratie pour la combattre; qu'ils
« aient mis ensuite à côté une dose de dé-
« mocratie, laquelle ils ont voulu grossir
« peu à peu, jusqu'à ce qu'elle fît équilibre
« au deux autres principes et qu'il y eût
« symétrie : ces spéculations abstraites

« peuvent bien passionner quelques pen-
« seurs de profession, mais elles n'occu-
« pent guère les peuples, qui sont plus maté-
« riels dans leur manière de vivre. »

Lorsque l'on voit que, dans le pays même où elles ont pris naissance, les institutions publiques ne sont pas le résultat d'une combinaison ingénieuse, mais le produit d'efforts persévérants, n'est-ce pas une entreprise trois fois périlleuse que de vouloir changer tout à coup les traditions séculaires d'un peuple, que de vouloir lui imposer ou lui octroyer une forme de gouvernement qu'il n'a jamais connue, que de vouloir lui donner une constitution aristocratique qu'il ne demanda jamais quand il possédait une aristocratie, et qu'on lui impose le jour où cette aristocratie a disparu ?

Oui, assurément, c'était une tentative impossible et tout aussi dommageable pour la royauté que pour le peuple.

Qu'avaient enfin voulu les constituants de 1789, ces fidèles interprètes des sentiments qui avaient guidé nos ancêtres, depuis les états généraux du quatorzième siècle?

Ils avaient demandé un roi fort, puissant, digne successeur des Césars de la Rome impériale, capable de flatter leur orgueil, d'exciter leurs sympathies, de commander leur obéissance; et, parce qu'on était contraint de se séparer, au moins en un point, des traditions de l'empire, parce qu'on était forcé de se présenter au peuple sous des apparences libérales, on leur donnait un chef sans grandeur et sans initiative, inventé par une aristocratie ombrageuse et jalouse de ses droits, on leur donnait un roi à l'anglaise, un roi qui règne mais ne gouverne pas : était-ce donc la peine de travailler pendant des siècles à faire converger toutes choses vers un centre commun? était-ce la peine de réunir laborieusement en un seul faisceau toute les rênes de l'administration, pour mutiler la main qui doit les saisir, pour troubler ou anéantir la pensée qui doit les diriger?

Ils avaient demandé à contrôler, à surveiller un gouvernement qu'ils voulaient respecter; et, sans le vouloir assurément et sans le savoir peut-être, on leur permettait de gouverner directement : on leur remettait entre les mains des armes dangereuses pour qui ne sait pas s'en servir, et dont ils n'avaient jamais fait usage ; des armes puissantes, avec lesquelles, dans leur inexpérience, ils pouvaient contester, amoindrir, blesser mortellement le pouvoir appelé à les protéger.

Que de contradictions inévitables, quand, sans consulter les mœurs et le génie d'un peuple, on entreprend de changer brusquement la forme de son gouvernement !

Avant d'établir dans ce pays démocratique et égalitaire un trône aristocratique, assisté d'une chambre haute et d'une chambre basse, n'aurait-on pas fait sagement de s'assurer que la France avait encore une noblesse; et s'il n'y en avait plus, ne devait-on pas craindre que l'absence de ce rouage capital ne faussât la nouvelle constitution?

Était-il difficile de comprendre à l'avance que la chambre des Pairs ne serait jamais qu'un bureau d'enregistrement ; que, privée de ses priviléges féodaux, elle serait toujours une copie impossible de la chambre des Lords ; de ce corps principal, dominant, de la constitution anglaise ; de ce corps en qui se conservent les traditions du gouvernement, qui active ou modère le mouvement politique, mais qui, depuis des siècles, est toujours à sa tête?

Dans de telles conditions, ne fallait-il pas craindre que cette chambre bourgeoise en qui toutes les forces allaient se concentrer, devenue seule maîtresse de la situation, parce qu'on ne lui opposait qu'un contrepoids dérisoire, ne finît par faire sauter le système tout entier, comme éclate une mine grossièrement et imprudemment chargée ?

Toutes ces craintes se sont réalisées, et tant que le régime parlementaire a été en vigueur parmi nous, il a été l'objet de plaintes violentes et devenues universelles dans les dernières années de son existence; aujourd'hui qu'il n'est plus, et grâce à une disposition d'esprit toute française, disposition louable en soi, mais qu'il ne faudrait pas exagérer, il est devenu de bon ton de paraître le regretter.

Tâchons cependant de profiter de l'expérience de nos devanciers; et lorsque, abusant de l'écho que trouve toujours dans nos âmes ce mot magique de liberté, on nous sollicitera de retourner sur nos pas, demandons d'abord de quelle liberté on veut parler; et si c'est encore de cette importation anglaise, déjà si tristement mise à l'épreuve dans ce pays, sachons lire dans le passé, et, prêts par le cœur à accepter toutes les réformes utiles, rester dans les voies séculaires du génie national un instant obscurcies, aujourd'hui retrouvées.

FIN.

Paris.—Imprimerie d'E. DUVERGER, rue de Verneuil, 6.

www.ingramcontent.com/pod-product-compliance
Ingram Content Group UK Ltd.
Pitfield, Milton Keynes, MK11 3LW, UK
UKHW020349250726
13967UKWH00005B/2193

9 782012 968288